FACULTÉ DE DROIT DE PARIS.

THÈSE
POUR LA LICENCE.

L'ACTE PUBLIC SUR LES MATIÈRES CI-APRÈS SERA SOUTENU

Le Mercredi 23 Juin 1852, à 10 heures du matin,

Par Louis-Camille BOUTET,

Né a Valençay (Indre).

Président, M. VALETTE, Professeur,

Suffragants : { MM. BUGNET, BONNIER, DE VALROGER, } Professeurs.
COLMET DE SANTERRE, Suppléant.

Le candidat répondra en outre aux questions qui lui seront faites sur les autres matières de l'enseignement.

PARIS
IMPRIMERIE ET LITHOGRAPHIE MAULDE ET RENOU,
RUE DES FOSSÉS SAINT-GERMAIN L'AUXERROIS, 14.

1852

FACULTÉ DE DROIT DE PARIS.

THÈSE

POUR LA LICENCE.

L'ACTE PUBLIC SUR LES MATIÈRES CI-APRÈS SERA SOUTENU

Le Mercredi 23 Juin 1852, à 10 heures du matin,

Par Louis-Camille BOUTET,

Né a Valençay (Indre).

Président, M. VALETTE, Professeur,

Suffragants : { MM. BUGNET, BONNIER, DE VALROGER, } Professeurs.
COLMET DE SANTERRE, Suppléant.

Le candidat répondra en outre aux questions qui lui seront faites sur les autres matières de l'enseignement.

PARIS

IMPRIMERIE ET LITHOGRAPHIE MAULDE ET RENOU,
RUE DES FOSSÉS SAINT-GERMAIN L'AUXERROIS, 14.

1852

A MON PÈRE

A MA MÈRE

A MES FRÈRE ET SOEUR

JUS ROMANUM.

DE DUOBUS REIS CONSTITUENDIS
(Dig. 45-2.)

Rei speciatim dicuntur debitores ; generatim ii, quorum de re disceptatur. Unde et actor et reus communi vocabulo dicuntur. Hinc, reus dicitur et stipulandi et promittendi ; dicitur etiam credendi, debendi, satisdandi, accipiendi.

Duo rei dicuntur, cum duo pluresve, in solidum singuli, uno eodemque tempore, rem emdem, stipulantur principaliter, ea mente, ut singuli quidem rem totam exigant, etsi omnes unam tantum exigere possunt. Contra, duo rei promittendi sunt, cum duo pluresve, in solidum singuli, uno eodemque tempore, rem eamdem promittunt principaliter, ea mente ut singulis quidem res tota debeatur, etsi omnibus una tantum debita (*L.* 1 et 2).

Nec interest utrum uno eodemque modo, aut diverso, plures stipulentur vel promittant. Qua ratione, ex duobus reis promittendi alius pure, alius in diem, vel sub conditione obligari potest, nec enim impedimento erit dies aut conditio, quominus ab eo qui pure obligatus est petatur (*L.* 7).

Nec adhuc interest, utrum ex uno eodemque loco, aut ex diversis locis Capuæ pecuniam dari stipulatus sim. Duo pluresve rei promittendi nihilominus facti erunt. Nam, etsi una et summa obligatio sit et maxime parem causam suscipiant, tamen ex persona cujusque ratio proprii temporis habetur, id est, alius majorem, alius minorem solvendi dilationem habet, quoad variam locorum distantiam, in quibus pecunia Capuæ solvenda est (*L.* 9).

Denique nec interest, si modicus actus, qui modo obligationi contrarius non sit, interveniat inter duarum promissionem, vel si modicum temporis intervallum interponatur. Nihil impedit quominus duo rei sint : exempli gratia, si fidejussor, inter duorum reorum responsa, interrogatus responderit, potest videri non impedire obligationem reorum. Contra, si ex duobus qui promissuri vel stipulaturi sint, alter hodie, alter postera die responderit aut interrogaverit, non sunt duo promittendi aut stipulandi rei.

Sunt plurimæ factorum species, in quibus non sunt duo rei promittendi vel stipulandi, licet esse videantur.

Primo, si quis a Titio et pupillo sine tutoris auctoritate stipulatus sit, obligatus Titius solus erit, dum pupillus sine tutoris auctoritate se obligari non potest. Si, pupilli loco, servus spoponderit, ab actione de peculio acturus erit. Eodem modo duo rei promittendi non sunt, si propter unius absentiam aliamve causam sipulatio unius intuitu inutilis est (L. 6 et 8).

Deinde, non constituuntur duo debendi rei, cum fidejussor in solidum promittit eodem tempore, ad quod principalis debitor se obligaverat : eo quod fidejussoria obligatio tantum est accessio principalis obligationis, nisi forte fidejussor eodem tempore, quo principalis contrahebat, ita nominatim fidejusserit, ut voluerit etiam, tanquam principalis, in solidum obligatus esse.

Tertio, non sunt ex adverso duo rei stipulandi, si Titius et Seius Stichum, qui Titii est, stipulati sint. Titius enim Stichum acquirere non potest, quem jam ipsius est (L. 15).

Quarto, duos non esse debendi reos certum, si eamdem quidem singuli rem promittentes, circa eam nihilominus non ejusdem suscipiunt culpæ præstationem, et dum alius ad dolum abstringit, alius ad nullam culpam. A quibus impar suscepta est obligatio; et non idem probandum est, si cum culpam eamdem uterque promisisset, altero postea pacto culpa remissa sit, quia initium contractus tantummodo inspiciendum est, et posterior conventio, quæ in alterius persona intercessit, statum et naturam obligationis, quæ duos initio reos fecit, mutare non potest. Hinc, si socii sint, cum communis culpa intercessit, alteri pactum cum altero factum non proderit, et agere creditor adversus illum quocum pactum factum non erit, poterit (L. 9).

Quinto, duo rei stipulandi constitui non possunt, ubi id stipulantur, quod in singulorum persona proprium intelligitur, veluti usumfructum aut dotem; quia alius est ususfructus quem ego stipulor, alius quem Titius stipulatur; sicut et alia atque alia dos (L. 15).

Sexto, si Titius et Seius decem, aut Seio Stichum, stipulati fuerint, nec tunc duo rei stipulandi sunt, quasi alia atque alia re promissa. Quamvis vel Titio decem, vel Seio decem aut Stichum solverit promissor, tamen obligatus manet, nisi decem alterutri solverit. Quippe hoc casu placuit, ab alterutro quoque eum videri liberatum esse (*L.* 15).

Septimo, his regulis illud descendit non protinus duos debendi vel credendi reos esse, qui rem eamdem stipulantur aut promittunt, sed requiri, ut amplius constet, eos voluisse duos debendi vel stipulandi reos esse. Hinc, cum tabulis esset comprehensum, *illum aut illum centum aureos stipulatos,* neque adjectum ita ut duo rei stipulandi essent, virilem partem singuli stipulari videntur. E contrario, 'cum ita cautum inveniretur, tot aureos recte dari stipulatus est Julius Carpus, spopondimus ego Antoninus, Achilleus, et Cornelius Dius, viriles partes tantum deberi, Papinianius censuit, quia non erat adjectum, singulos in solidum spopondisse, ita ut duo rei promittendi fuissent (*L.* 11).

Etsi vero utplurimum duo rei debendi vel credendi stipulatione constituuntur, tamen et aliis contractibus, veluti mutuo, emptione, locatione, deposito, commodato, similibusque, atque etiam ultimis voluntatibus, id fieri posse certum est (*L.* 9).

Effectus duorum reorum constitutorum est, quod ex hujus modi obligationibus et stipulationibus, solidum singulis debeatur, et singuli promittentes in solidum debeant, sic ut et singuli solidum petere et a singulis solidum peti possit. Sed, quia in utraque obligatione una res vertitur, unus debitum totum accipiendo vel solvendo perimit omnium obligationem, et omnes liberat (*L.* 1 et 2).

Est in stipulatoris potestate, quem ex pluribus ejusdem rei promissoribus in solidum convenire velit (*L.* 3 et 11). E contrario, in debitoris arbitrio, cui ex pluribus credendi reis solvere velit, ut ab omnibus liberetur. Hoc autem arbitrium ei caret, si quis ex pluribus stipulandi reis agere cœperit sibique vigilare; cum post id tempus alteri promissor offerendo pecuniam, nihil agat (*L.* 16').

Quamvis stipulator actionem suam dividere cogendus non sit, tamen, si velit, dividere potest, et a singulis partem virilem petere (*L.* 11); vel, cum ab uno pars jam soluta esset, ab altero partem convenire. Quod si unum jam in solidum convenire cœperit, non impeditur etiam contra alios agere ob id, quod a primo convento ob inopiam obtinere nequit.

Si ab uno plurium, veluti quatuor debendi reorum, creditor acceptaverit debiti partem, sponte oblatam, non adversus cæteros suam dividere actionem in reliqua tenetur. Sed ab uno reorum cæterorum id totum, quod adhuc insolvendum restat, petere potest. Nam creditor, qui unum ex pluribus in solidum obligatis admisit ad solutionem partis suæ, sponte oblatæ, non intelligi debet inter cæteros suam divisisse actionem, sed tantum cum eo a quo partem solutam acceptavit, de non petenda ab eo reliqua portione pactus esse (*C. de Pactis*, *L.* **18**).

Quod autem operatur solutio aut exactio facta, idem etiam acceptilatio novatioque facit (*L.* **2**). Cum fere convenerit, unius acceptilatione aut novatione cum uno reorum debendi credendive facta, totam omnium reorum intuitu perimi obligationem; ex nova vero obligatione per novationem inducta nullum inter alios, sed inter solos novantes, jus nasci (non obstante (*L. de Pactis*, **C. 2-4-27**).

Si unus ex pluribus debendi reis, judicio conventus, per judicis sententiam absolutus sit, vel etiam, deferente aut referente stipulatore, juraverit non deberi, alter ultra nequit efficaciter conveniri, si modo judicatum aut juratum non in personam litigantis aut jurantis, sed in rem conceptum sit.

Generaliter, multum interest res ipsa solvatur, an persona liberetur. Hinc, cum duo eamdem pecuniam deberent, si unus capitis deminutione exemptus sit obligationi, alter non liberatur. Cum enim persona liberatur, manente obligatione, alter durat obligatus; at, cum obligatio quadam solutione perimitur, non potest amplius quisquam inde devinctus esse (*L.* **19**). Hinc adhuc, si creditor uni reorum promittendi heres succedat, alius reus non liberatur, obligatioque ipsa haud dissoluta : nisi duo rei debendi simul socii fuerint, quippe hoc casu superstes reus defuncti non ultra quam in debiti semissem teneretur.

Non idem, si reus debendi reo succedat. Nam ex duobus causis esse obligatum placuit, nec enim potest reperi quæ obligatio quam perimat; duæ vero obligationes ab uno superstite sustineantur. Idem de reo stipulandi, alterius successore, dicendum est.

Debitor judicio conventus regulariter id solum compensat, quod sibi vicissim ab actore est debitum. Non idem quod actor tertio debet, etiamsi tertius ille in compensationem talem consentiat, nisi insuper reo convento suam cessisset actionem eumdemque in rem suam procuratorem constituisset. Hinc, si duo rei promittendi sint, uni convento non proderit ad compensationem, quod stipulator alteri debendi reo vicissim debeat. Et, si ex duobus stipulandi reis unus agat, non recte ei objicitur compensatio de eo, ad quod alter credendi reus promissori devinctus est (*L.* 10).

Si unus ex pluribus stipulandi reis mature promissorem interpellaverit, vel ex adverso unus ex pluribus debendi reis per stipulatorem interpellatus sit, non tantum interpellantis aut interpellati intuitu, sed et respectu reliquorum omnium ejusdem debiti vel crediti reorum, præscriptio interrupta creditur. Enim (inquit Justinianus, C. 8-40, *de Duobus Reis L.* 5), ex una stirpe unaque fonte effluxit contractus. Idem de agnitione adhibita dicendum est.

Quamvis mora unius ex pluribus debendi reis non noceat alteri haud interpellato ad id, quod contractus excedit terminos, factum tamen, veluti corruptio vel perditio rei promissæ, alteri nocet et præjudiciat.

Quidquid autem unus reorum stipulandi exegerit, alteri pro parte communicare non tenetur, nisi socii sint. Cum utique unus solidum debitum adeptus, nihil amplius habeat quam quod sibi debitum est; indeque fiat, quod promissor ab uno jam conventus, alteri offerendo pecuniam, nihil agat (*L.* 16). Cujus tamen semissem jure offerret, si is, qui agit, ad communicandum id quod exegerit compelli posset.

Vice versa, si unus reorum promittendi totum præstitit, partem ejus ab altero debendi reo haud repetere potest, licet solvendo etiam liberet cæteros ad eamdem rem in solidum devinctos; nisi tamen socii sint. Nam solvendo non alterius, sed suum tantum negotium gessit : totum quippe debens, atque etiam totum solvens, non quia reliqui debent, sed quia ipse debet.

Si denique, socii non sunt duo rei debendi, ei, qui solidum solvere paratus est, exigere actiones adversus cæteros promittendi reos pro rata cessas per creditorem esse potest. Nam, cum ipsi creditori licuerit singulos in partem virilem convenire, suamque inter eos obligationem dividere, ratio non apparet, cur non et uni solidum solventi actiones contra cæteros pro rata cedat, quasi non tam solutio debiti, quam potius venditio nominis facta esset.

QUÆSTIONES.

1. — Dies, vel conditio, vel locus, unius promissioni additus, non impedit, quin rei debendi vel credendi sint.

2. — Item, si actus modicus, vel modicum temporis intervallum intercesserit.

3. — Eligere potest stipulator, quem velit in solidum convenire; contra quidem promissor, cui ex duobus velit solvere, non semper eligere potest.

4. — Acceptilatio aut novatio omnium reorum intuitu obligationem perimit, non obstante (*L*. 27 *de Pactis*, C. 2-4).

5. — Mora vel factum unius alteri non nocet ad id, quod contractus terminos excedit.

DROIT FRANÇAIS.

DES OBLIGATIONS SOLIDAIRES ET DES OBLIGATIONS DIVISIBLES ET INDIVISIBLES.

(Code Napoléon, art. 1197-1226.)

I. — On entend par obligation, *lato sensu*, toute nécessité de se conformer à une loi de la nature physique, morale ou sociale.

Considérée sous le rapport du droit, l'obligation est, dans un sens général, synonyme de devoir. Dans un sens plus propre et moins étendu, les jurisconsultes la définissent un lien de droit, une nécessité juridique, qui nous astreint envers un autre à donner, à faire ou à ne pas faire quelque chose, *vinculum juris, quo necessitate adstringimur alicujus rei solvendæ*.

La personne autorisée à exiger l'accomplissement de l'obligation figure comme sujet actif et s'appelle créancier ; la personne tenue de l'accomplir figure comme sujet passif et s'appelle débiteur. La chose ou le fait prend le nom de créance ou de dette, suivant qu'on l'examine comme objet du droit ou comme objet de l'obligation.

Parmi les nombreuses espèces d'obligations, la matière des obligations solidaires, divisibles et indivisibles, est certainement l'une des plus importantes.

SECTION PREMIÈRE

DES OBLIGATIONS SOLIDAIRES.

II. — Lorsque l'objet de l'obligation est dû à une seule personne par une seule personne, l'obligation est *unique*.

Au contraire, elle est *multiple*, quant aux personnes, lorsqu'elle présente plusieurs créanciers ou plusieurs débiteurs. Selon que les créanciers ou les débiteurs ne sont tels qu'alternativement ou le sont tous simultanément, l'obligation multiple est ou *disjointe* ou *conjointe*. Enfin, l'obligation conjointe, c'est-à-dire celle dans laquelle les débiteurs sont tenus tous simultanément ou les créanciers intéressés tous simultanément, est *simplement conjointe* ou *conjointe et solidaire*, suivant que chaque créancier ne peut demander au débiteur ou chaque débiteur être tenu de payer au créancier que sa part de la dette, ou bien suivant que l'un quelconque des créanciers ou des débiteurs a le droit de demander le tout ou peut être forcé de payer le tout.

Ainsi, l'obligation solidaire est celle qui donne à chacun de plusieurs créanciers d'une même chose le droit de se faire payer la chose entière ou qui impose à plusieurs débiteurs d'une même chose la charge de payer, un seul pour tous, la chose qu'ils doivent en commun.

Il ne faudrait pas, d'ailleurs, conclure de cette définition que la solidarité se confond avec l'indivisibilité. L'obligation solidaire doit être acquittée en entier, *in totum et totaliter*, bien que son objet, une somme d'argent par exemple, soit parfaitement divisible. L'obligation indivisible doit aussi être acquittée en entier, *in totum*, mais par une raison différente, à savoir parce que son objet est matériellement ou intellectuellement insusceptible de division. D'où il suit cette conséquence qu'à la mort du débiteur de l'obligation indivisible, chacun de ses héritiers pourra être poursuivi pour le tout, tandis que les héritiers de l'un des débiteurs solidaires ne seront tenus que jusqu'à concurrence de leur part héréditaire (Art. 2249-2°.)

On a vu plus haut que la solidarité peut exister entre plusieurs créanciers ou plusieurs débiteurs.

§ Ier. *De la solidarité entre créanciers.*

III. — La solidarité entre créanciers ne peut jamais résulter que d'une convention expresse. Elle est d'ailleurs d'un usage fort rare. Elle ne présente, en effet, d'autre utilité que de conférer à chaque créancier le droit de poursuivre l'exécution entière de l'obligation, alors qu'en principe et à défaut de stipulation de solidarité, il n'aurait pu exercer des poursuites que pour sa part.

La clause de solidarité de la part des créanciers est, sous un autre nom, un mandat que se donnent mutuellement tous les intéressés à l'effet de recevoir le total de la créance et de faire tous les actes conservatoires de cette créance, par exemple tous actes interruptifs de prescription.

Il suit de là que le débiteur peut se libérer entre les mains de l'un quelconque des créanciers, à son choix, puisque chacun d'eux est le représentant des autres intéressés. Le Code ajoute que, s'il a été prévenu par les poursuites de l'un d'eux, il ne peut plus payer qu'entre les mains de celui-là. Cette décision n'est pas facile à justifier. Pothier, dans lequel elle a été copiée, se contente de citer la loi romaine. En droit romain, en effet, le procès une fois engagé, entraînait *ipso facto* novation de la créance. Le débiteur se trouvant libéré à l'égard des autres créanciers, on comprend qu'il ne pouvait plus s'acquitter qu'entre les mains de celui qui avait exercé des poursuites. Or, il en est autrement en droit français, où la poursuite exercée par l'un des créanciers ne modifie en rien les droits des autres créanciers.

Il suit encore de là que la demande d'intérêts faite par l'un des créanciers profite aux autres, et aussi que le serment refusé par le débiteur, sur la proposition d'un des créanciers, ou prêté par celui-ci, sur la proposition du débiteur, leur profitent également. (Art. 1207 et 1365.)

IV.—Mais ce mandat ne peut s'exercer que dans les limites qui lui sont tracées par sa nature et son caractère, c'est-à-dire pour les actes seulement ayant pour but de conserver ou de réaliser l'objet de l'obligation. Si donc l'un des créanciers avait fait remise au débiteur de la totalité de la créance, ou avait consenti une novation, il aurait dépassé son mandat, et n'aurait agi que dans les bornes de son intérêt propre. Il en serait encore ainsi dans le cas où le débiteur aurait prêté serment sur la proposition d'un seul des créanciers, comme dans le cas où celui-ci aurait refusé le serment que lui aurait référé le débiteur. (Art. 1365.)

V. — *Quid* des cas de compensation, de confusion, et du cas où un jugement est intervenu en faveur du débiteur?

La compensation qui s'est opérée entre la dette du débiteur et celle d'un des créanciers solidaires peut-elle être opposée aux autres? Non; car, en dehors de sa part de la dette, et en ce qui concerne les parts de ses co-créanciers, chaque créancier n'est qu'un mandataire. Or, il est impossible de soutenir que vous puissiez opposer au mandant la compensation de ce qui vous est dû par le mandataire. La règle *Compensatio est instar solutionis* n'est pas applicable ici, et le débiteur ne pourra se soustraire à la poursuite que pour la portion afférente à celui des créanciers avec lequel la compensation s'est opérée. (Arg. de l'art. 1294.)

Il en est de même en ce qui concerne la confusion. (Art. 1209 et 1301.)

Quant au jugement obtenu par le débiteur contre l'un des créanciers, il a effet pour toute la créance. Car le créancier représentait au procès tous ses co-intéressés, et le jugement a statué à l'égard de tous, ou, au moins, ses effets sont opposables à tous. Peu importe que l'extinction de la créance proclamée par le jugement soit basée sur un motif personnel au créancier en cause, comme la compensation, ou tiré de l'obligation elle-même. Car en admettant la première hypothèse, le débiteur poursuivi par les autres créanciers leur oppose moins l'exception accueillie par le jugement que l'extinction de la créance.

VI. — Enfin, et par une conséquence nécessaire des principes ci-dessus établis, les créanciers solidaires, dont la créance est éteinte, ne sauraient se prévaloir de ce que les droits de l'un d'entre eux sont encore entiers, si ce n'est en ce qui concerne les actes conservatoires faits par celui-ci et qui profitent à tous. Ainsi, la suspension de la prescription, à raison de la minorité de l'un des créanciers, ne peut être invoquée par les autres. S'il est vrai que le mineur relève le majeur en fait de prescription, ce n'est qu'autant qu'il s'agit d'un objet indivisible. On ne pourrait pas davantage tirer un argument d'analogie des effets que produit à l'égard de tous les co-intéressés l'interruption de la prescription opérée par le fait d'un seul. On comprend, en effet, qu'un mandataire puisse interrompre une prescription dans l'intérêt de son mandant ; on ne comprend pas que la minorité de ce mandataire puisse suspendre la prescription au profit de ce mandant.

VII. — Quant à leurs rapports entre eux, les créanciers solidaires sont, en principe et de plein droit, les associés les uns des autres. D'où cette conséquence qu'à moins de stipulation contraire, le bénéfice de la créance se partage entre eux par portions égales.

§ II. — *De la solidarité entre les débiteurs.*

VIII. — Contrairement à la solidarité entre créanciers, qui ne résulte que d'un titre et ne peut jamais exister de plein droit, la solidarité entre débiteurs peut résulter ou du titre constitutif de l'obligation ou de la loi, en sorte qu'elle est conventionnelle ou légale.

Avant d'aller plus loin, il faut dire que la solidarité entre débiteurs peut aussi être parfaite ou imparfaite : parfaite, quand chacun des débiteurs est non seulement soumis à la poursuite du créancier, mais est en outre associé et mandataire des autres *ad conservandam et perpetuendam obligationem*, de façon que tous les actes faits contre lui sont opposables à ses co-débiteurs ; imparfaite, quand chacun des débiteurs est seulement tenu de toute la dette et peut être poursuivi pour le tout par le créancier, mais sans qu'il soit l'associé, le mandataire des autres *ad conservandam obligationem*, de façon que les actes conservatoires faits contre lui ne sont pas opposables à ses co-intéressés. Dans la solidarité parfaite les débiteurs sont tenus *in totum et totaliter*; ils ne sont tenus que *in totum* dans la solidarité imparfaite. Dumoulin signale ainsi cette différence : *Aliud quem teneri ad totum, aliud totaliter.*

IX. — On trouve des exemples de solidarité légale dans les articles suivants du Code Napoléon : 395 et 396, relatifs à la tutelle de la mère qui convole en secondes noces ; 1033, relatif aux exécuteurs testamentaires ; 1887, relatif aux emprunteurs conjoints, etc.; dans les articles suivants du Code de commerce : 22, 28 et 48, relatifs aux associés commerciaux ; 118 et 146, en matière de lettres de change ou billets à ordre ; et aussi dans l'article 55 du Code pénal, qui prononce la solidarité contre tous les individus condamnés pour un même crime ou un même délit.

Dans ce dernier cas, comme dans les autres qui viennent d'être signalés, la solidarité est de droit, et le juge doit la prononcer, alors même que la partie n'y aurait pas conclu, et sans qu'il y ait à distinguer si ce sont les tribunaux criminels ou les tribunaux civils qui sont saisis. Mais cet article est-il aussi applicable en matière de délits civils et de quasi-délits ? Non ; car il s'agit d'une disposition pénale, et il est de principe qu'une pareille disposition ne doit pas être étendue au delà de ses termes. Or, d'un côté, s'il est vrai que la plupart des délits criminels sont aussi des délits civils, néanmoins il en est quelques-uns qui n'ont pas ce double caractère ; ainsi, le stellionnat, qui est un délit civil, n'est pas un délit criminel ; la tentative de meurtre est un délit criminel, et peut n'être pas un délit civil. D'un autre côté, il n'existe aucun texte de loi qui soumette les auteurs d'un même délit civil à la solidarité. Il faut donc reconnaître que lorsque les auteurs d'un même délit civil sont solidairement condamnés à la réparation du dommage, c'est dans le sens d'une solidarité imparfaite qu'on doit entendre la condamnation. C'est-à-dire que les débiteurs seront considérés moins comme débiteurs solidaires que comme cautions d'une même dette. (Art. 2026 et 2027.)

X. — Quant à la solidarité conventionnelle, elle doit être expressément stipulée. En se servant du mot *expressément*, la loi n'a pas voulu dire que les expressions de *solidaire, solidarité, solidairement*, sont sacramentelles.

On doit l'entendre en ce sens que l'intention des parties doit être manifestement exprimée, quel que soit, d'ailleurs, le terme dont on se sera servi, tels que ceux-ci : *l'un pour l'autre, un seul pour le tout.* Elle peut même résulter de l'interprétation et du contexte de l'acte.

XI.—De ce que les débiteurs sont solidaires, c'est-à-dire obligés chacun pour le tout, il ne s'ensuit pas qu'ils ne puissent être obligés différemment. L'obligation solidaire doit être une, à la vérité, par rapport à la chose qui en fait l'objet; mais par rapport aux personnes qui l'ont contractée, on peut dire qu'il y a autant de liens qu'il y a d'individus obligés. Or, ces personnes étant différentes, elles peuvent être tenues différemment; par exemple, celle-ci purement et simplement, celle-là sans condition ou à terme.

XII.—Mais *quid*, si l'engagement de deux ou plusieurs débiteurs, au lieu de s'effectuer immédiatement, simultanément, dans le même temps et dans le même lieu, n'intervient que successivement et par des actes séparés? Y aura-t-il solidarité, ou simplement obligation conjointe?

Evidemment, l'obligation consentie par les deux débiteurs, quoique consentie *ex intervallo*, sera solidaire. En effet, une seule et même chose est due, chacun des obligés est tenu *in solidum*, et le paiement fait par l'un libérera l'autre. Il y a donc là tous les caractères de la solidarité.

Mais cette solidarité est-elle parfaite ou imparfaite? A cet égard, il faut distinguer. S'il y avait d'avance ordre, volonté, assentiment du premier obligé à ce que telle personne s'obligeât solidairement avec lui, il y aura solidarité parfaite entre lui et la personne désignée, dès que celle-ci se sera engagée. Au contraire, le second obligé est-il venu, par un acte postérieur, s'adjoindre à l'obligation originaire, à l'insu du premier obligé, avec lequel néanmoins il déclare s'engager solidairement, la solidarité qui résulte d'un pareil engagement est imparfaite. On ne saurait admettre, en effet, que le premier obligé pût se voir opposer valablement les actes faits contre un co-débiteur auquel il n'a donné aucun mandat, qu'il ne connaît pas peut-être. Il faut donc dire, au contraire, que, dans l'espèce, les actes interruptifs de prescription, par exemple, signifiés au second obligé n'interrompront pas la prescription courant au profit du premier. En un mot, les effets légaux de la solidarité proprement dite ne seront pas ici applicables.

XIII.— Les effets que la loi fait produire à la solidarité, et dont il a été déjà dit quelques mots, sont différents, suivant qu'on l'examine dans les rapports qu'elle crée entre les débiteurs, ou dans ceux qu'elle crée entre le créancier et les débiteurs.

A l'égard du créancier, chaque débiteur est tenu *in totum et totaliter*. Il pourra donc s'adresser à celui des débiteurs qu'il voudra, et exiger de lui, soit par voie de demande, s'il n'est pas muni d'un titre exécutoire, soit par voie d'exécution, dans le cas contraire, le total de l'obligation. Et le débiteur poursuivi ne pourra, en offrant sa part, opposer le bénéfice de division ; il n'aura que la faculté d'appeler en cause ses co-débiteurs, de même que ceux-ci pourront intervenir sans être appelés.

Il y a plus : les poursuites exercées contre l'un des débiteurs n'empêcheront pas le créancier d'en exercer de semblables contre les autres. En droit français, en effet, ainsi que cela a déjà été dit, la *litiscontestatio* n'opère pas novation, et, malgré les poursuites commencées contre l'un quelconque des débiteurs, l'obligation des autres reste entière, chacun d'eux demeure soumis, soit sur ses biens, soit même sur sa personne, suivant les cas, jusqu'à parfait paiement, à l'exercice des droits du créancier.

XIV. — On sait que les débiteurs solidaires sont, par le fait de leur soumission à la solidarité, les mandataires, les représentants les uns des autres *ad perpetuendam et conservandam obligationem*. Lorsqu'ils s'obligent solidairement par un seul et même acte, dit Toullier, pour une seule et même dette, ils se mettent par cela même en société pour ce qui concerne cette dette ; ils se chargent mutuellement, par un mandat tacite, mais réel, de payer les uns pour les autres.

Par une conséquence nécessaire de ces principes, si la prescription est interrompue contre l'un des débiteurs, elle est interrompue contre tous ; si celui-là reconnaît la dette, il la reconnaît tant en son nom qu'au nom des autres, en vertu de leur mandat tacite.(Art. 2249-2°.) Mais, aux termes du même article, pour interrompre la prescription contre les héritiers d'un débiteur solidaire, il ne suffit pas d'agir contre l'un d'eux, auquel cas l'interruption n'aurait effet, à l'égard des autres héritiers, que pour la part à laquelle l'héritier poursuivi a droit dans la succession. Il en serait de même de la reconnaissance de la dette par un seul héritier, le tout à moins que l'objet de l'obligation ne soit indivisible. Ces dernières dispositions de l'article 2249 sont l'application et la conséquence de la règle contenue en l'article 873, à savoir que les héritiers ne sont tenus des dettes et charges de la succession personnellement que pour leur part et portion virile.

Il n'en est pas de la suspension de la prescription comme de l'interruption. La suspension qui a lieu du chef de l'un des débiteurs solidaires n'empêche pas la prescription de courir au profit des autres.

XV. — Mais ce mandat tacite que se sont ainsi donné mutuellement les débiteurs solidaires, ne va pas jusqu'à leur accorder le pouvoir d'accroître l'obligation, *ad augendam ipsorum obligationem.*

Lorsque l'augmentation, l'accroissement de l'obligation est tacitement stipulé comme clause pénale, chacun des débiteurs en est tenu comme de l'obligation principale. Ainsi, la demande d'intérêts moratoires formée contre l'un d'eux fait courir les intérêts contre les autres, parce que les intérêts sont, pour ainsi dire, des dommages-intérêts fixés à l'avance par la loi. Mais toutes les fois que l'un des débiteurs est, par son fait, sa faute ou sa mise en demeure, soumis à des dommages-intérêts en dehors des prévisions du contrat, ces dommages-intérêts constituent un accroissement de l'obligation originaire dont ce débiteur sera seul et personnellement responsable.

Ainsi, par exemple, la chose due a péri par le fait, la faute ou pendant la demeure d'un seul. — Dans les cas ordinaires, le fait et la faute de l'un de plusieurs débiteurs sont étrangers aux autres, et ne sont pour ceux-ci que des cas fortuits. Il s'ensuit que, par la destruction de la chose, ils sont libérés. En matière d'obligation solidaire, au contraire, chacun des débiteurs étant le représentant des autres *ad perpetuendam obligationem*, le Code dispose, d'après Pothier, (n° 273), que la destruction de la chose due par le fait, la faute ou pendant la demeure d'un seul, ne libère pas les autres de l'obligation de payer le prix de la chose : ce fait, cette faute ou cette mise en demeure étant la faute, le fait, la mise en demeure de leur associé, de leur mandataire, dont l'acte doit leur être imputé : *Alterius factum alteri quoque nocet.* — Mais, et ici l'on arrive à l'application du principe qui a été énoncé plus haut, le débiteur en faute ou en demeure sera seul tenu des dommages-intérêts, qui s'ajouteront à l'obligation principale, par suite du préjudice pouvant résulter pour le créancier de l'inexécution du contrat ; car, s'il n'a pas pu les dégager de leur obligation, il n'a pas pu aussi l'étendre ni l'augmenter, à moins d'une stipulation expresse.

Quant à la perte survenue par cas fortuit, ou même après la demeure, dans le cas où le débiteur prouverait que la chose aurait également péri chez le créancier, il est évident qu'elle libérera tous les débiteurs. (Art. 1302-2°.)

XVI. — Ainsi, suivant qu'il y aura eu faute ou non, l'obligation ou sera maintenue ou sera éteinte. Mais il est des cas où quelques-uns des débiteurs se trouveront libérés, alors que les autres continueront de demeurer obligés. Ceci est la matière des exceptions.

Les exceptions sont de deux sortes : ou elles sont absolues, générales, et elles sont dites communes ; ou elles sont relatives, particulières, et elles sont dites personnelles. Le débiteur poursuivi peut opposer au créancier les exceptions communes, puisqu'elles sont générales et profitent à tous les débiteurs, et aussi celles qui lui sont personnelles, mais sans pouvoir opposer celles qui seraient personnelles à ses co-débiteurs.

XVII. — Les exceptions communes, qu'on pourrait appeler aussi réelles, puisqu'elles portent sur la dette elle-même, comprennent : 1° celles qui résultent de l'absence d'une des conditions nécessaires à la validité du contrat, abstraction faite de la capacité et du consentement des parties : ainsi, le défaut de cause ou d'objet, une cause ou un objet illicites ; — 2° celles qui résultent des différents modes d'extinction des obligations : ainsi, le paiement, la novation, la remise sans réserves, la perte de la chose due, la compensation opposée par le débiteur poursuivi de son chef ; — 3° celles, enfin, qui résultent de diverses présomptions de libération établies par la loi ; ainsi, la prestation de serment sur le fait du paiement de la dette.

XVIII. — Quant aux exceptions personnelles, les unes sont purement personnelles, c'est-à-dire qu'elles sont exclusivement propres à l'un des débiteurs, et que les autres ne peuvent pas les invoquer. Elles tiennent à la qualité du débiteur. Telles sont les exceptions résultant soit de la façon dont le débiteur est engagé, par exemple s'il est engagé à terme ou conditionnellement, si son engagement lui a été surpris par erreur ou arraché par violence ; — soit de son incapacité personnelle, par exemple si c'est un mineur, un interdit, une femme mariée ; — soit d'une circonstance particulière, par exemple la cession de biens qu'il serait autorisé à faire.

Les autres exceptions sont personnelles *lato sensu*. Ce sont celles que l'un des obligés peut seul opposer pour le tout, mais que chacun de ses co-obligés peut opposer pour sa part de la dette. Telles sont les exceptions résultant de certains modes d'extinction — opposables par un seul des débiteurs, et qui forment, à ce point de vue, des exceptions purement personnelles, — mais dont une disposition spéciale de la loi interdit aux autres débiteurs de se prévaloir, au moins pour le tout ; par exemple, les cas de compensation, de confusion et de remise de la solidarité, pour lesquels il est nécessaire d'entrer dans quelques détails.

XIX. — En ce qui concerne la compensation, l'art. 1294 porte que le débiteur solidaire ne pourra pas opposer la compensation de ce que le créancier doit à son co-débiteur.

Il est bien vrai que, si le créancier s'adresse au débiteur solidaire qui se trouve être lui-même son créancier, la compensation s'opèrera, dès lors la dette sera éteinte, et tous les débiteurs libérés ; mais, tant que la poursuite ne sera pas dirigée contre le co-débiteur-créancier, la compensation ne pourra, aux termes de l'art. 1294, être opposée par les autres co-obligés. Cette décision paraît contraire au principe édicté par l'art. 1290, à savoir que la compensation s'opère de plein droit par la seule force de la loi, même à l'insu des débiteurs. Or, en faisant l'application de ce principe au cas d'une obligation solidaire, on devrait dire que la dette solidaire étant éteinte dans la personne du co-débiteur-créancier, elle est également éteinte à l'égard de ses co-obligés, puisqu'en cette matière la qualité du débiteur principal existe chez chacun d'eux. Il n'est guère possible de justifier cette contradiction, autrement qu'en disant : le total de l'obligation solidaire, à vrai dire, n'était pas dû par *chacun* des obligés, mais plutôt par un seul d'entre eux, par celui auquel le créancier adressera ses poursuites ; jusque là, on ignore quel est celui que le créancier désignera et qu'il entend prendre pour débiteur ; et, par suite, la question de savoir si la compensation s'opèrera ou non reste en surplus. La demande est-elle formée contre le co-débiteur-créancier ? L'art. 1292 sera applicable. Ce sera, par contre, l'art. 1294 qui devra être suivi dans le cas contraire.

Mais, dans cette dernière hypothèse, le co-débiteur pourra-t-il, au moins, opposer la compensation de la part et portion de son co-débiteur-créancier dans la dette solidaire ? La disposition de l'art. 1294 paraît générale, et des jurisconsultes ont soutenu qu'elle devait recevoir une application absolue et sans restriction.

Si l'on suivait cette doctrine, on arriverait à des conséquences inadmissibles. En effet, sur les poursuites du créancier, l'un des débiteurs solidaires s'exécute et paie le total de la dette. Mais, en même temps, il pourra former opposition entre les mains du créancier pour la part dont était tenu dans la dette son co-débiteur-créancier, en sorte que le créancier ne la recevra que pour la lui remettre. Ou bien, s'il n'a pas pris la précaution de pratiquer une saisie-arrêt, et si plus tard son co-obligé devient insolvable, « il se trouvera sans ressource pour avoir payé ce qu'il ne devait pas ou qu'il pouvait justement compenser. » (Domat.) Ainsi, d'une part, circuit inutile d'actions; d'autre part, conséquence d'une injustice criante, qui n'a pu être dans l'esprit du législateur, et que, dans le silence de la loi, on ne peut faire sortir d'un principe exorbitant lui-même.

Il faut donc admettre que l'art. 1294 ne s'applique pas à la compensation de la portion du co-débiteur-créancier.

XX. — L'art. 1300 établit que, lorsque les qualités de créanciers et de débiteur se réunissent dans la même personne, les deux droits, actif et passif, la créance et la dette s'éteignent. L'art. 1209 fait une application de ce principe aux obligations solidaires, en décidant que la réunion des qualités de créancier et de débiteur sur la même tête éteint la dette et la créance, non pas pour le tout (car la confusion *magis personam debiti eximit ab obligatione, quam extinguit obligationem*), mais seulement pour la part de la dette afférente au co-débiteur, en qui se résument les deux qualités.

La confusion, quoique moins large, s'opérerait toujours d'après les mêmes principes, dans le cas où le débiteur substitué au créancier, ou le créancier substitué au débiteur, au lieu de l'être pour le tout, par exemple comme héritier unique, ne l'est seulement que pour partie.

Mais, dans cette hypothèse, et donné le cas spécial où l'un des débiteurs laisse plusieurs héritiers, les effets de la solidarité se modifient beaucoup. Les représentants du défunt devront bien toute la dette solidaire, de la même manière que leur auteur, et, s'ils paient le total, ils auront leur recours pour tout ce qui dépasse la part du défunt dans la dette contre les autres co-obligés, comme aussi ils seront soumis, pour cette même part, au recours de celui des autres co-obligés qui aura payé. Mais, aux termes de l'art. 870 et suivants du Code, les dettes du défunt se divisent de plein droit entre tous ses héritiers, de sorte que chacun des héritiers d'un débiteur solidaire ne sera tenu, à l'égard du créancier, de la totalité de la dette que pour sa part virile, et, à l'égard des autres co-débiteurs, de la portion définitivement à la charge du défunt dans la dette que pour cette même part virile.

XXI. — En ce qui concerne la remise de la solidarité, le créancier peut y renoncer soit en faveur de tous les débiteurs, soit en faveur d'un seul d'entre eux.

Cette renonciation peut être expresse ou tacite. Il n'y a lieu de s'occuper ici que de la remise faite à l'un seulement des débiteurs, la remise consentie en faveur de tous n'offrant pas de difficultés.

Il y a remise expresse de la solidarité lorsque le créancier consent à la division de la dette à l'égard de l'un des débiteurs (art. 1210). Aux termes du dernier alinéa de cet article, la conséquence de la remise est que le créancier ne conserve plus son action solidaire contre les autres co-obligés, que déduction faite de sa part dans la dette du débiteur qu'il a déchargé de la solidarité. Cette dernière disposition, assez peu justifiable, est contraire à ce qu'enseignait Pothier. L'éminent jurisconsulte, partant de ce principe que la solidarité est un droit établi en faveur du créancier, décidait qu'en y renonçant au profit de l'un des co-débiteurs, le créancier conservait son droit entier contre les autres obligés ; il n'y mettait que cette restriction, à savoir que la décharge ne pourrait préjudicier aux autres, c'est-à-dire que le débiteur déchargé serait néanmoins compris dans la répartition de la part des insolvables. Cette disposition est si exorbitante, qu'on a prétendu que la loi ne statuait que pour les cas où le créancier fait remise de la solidarité moyennant le paiement de la part du débiteur déchargé de la dette. Mais c'est distinguer où la loi ne distingue pas. D'ailleurs, il n'en sera ainsi que lorsque le créancier aura consenti cette remise sans réserves; et il peut très bien au contraire ne faire la décharge qu'en se réservant le droit de poursuite pour le tout contre les autres débiteurs.

XXII. — Il y a remise tacite de la solidarité dans trois cas :

D'abord, le créancier est censé renoncer à la solidarité, lorsque, recevant divisément la part d'un débiteur, il énonce dans la quittance que c'est pour sa part nommément; car autre chose est d'être débiteur pour une part, autre chose d'être débiteur solidaire. Mais, évidemment, il en sera autrement s'il a fait réserve de la solidarité ou de ses droits en général : en effet, ces deux déclarations, *pour sa part* et *sans réserves*, se neutralisant l'une l'autre, il n'y aura pas remise de la solidarité. — De même le créancier ne serait pas censé avoir remis la solidarité, en donnant à l'un des co-débiteurs quittance purement et simplement de la somme qui représente sa part dans la dette, mais sans exprimer que c'est pour sa part. De ce que le créancier a bien voulu recevoir une partie de sa créance, on n'en doit pas induire qu'à l'égard du débiteur il a renoncé à la solidarité ; *Nemo facile donare præsumitur.*

Secondement, la loi voit une remise tacite de la solidarité, de la part du créancier, lorsqu'il a, dans un commandement ou une citation en justice, limité sa demande à la part de l'un des débiteurs, en énonçant que c'est pour sa part. On retrouve ici les mêmes exceptions qui viennent d'être signalées. Il faut ajouter, d'ailleurs, que le créancier pourrait rectifier sa demande jusqu'au jugement en cas de citation, et jusqu'au paiement en cas de commandement.

Enfin, le paiement d'intérêts ou d'arrérages que le créancier a reconnu recevoir d'un des débiteurs, pour la part de celui-ci et sans réserves, opère la remise de la solidarité, mais seulement pour les intérêts échus, et non pour les intérêts à échoir, et moins encore pour le capital. Néanmoins, si le paiement divisé des intérêts ou arrérages, pour la part du débiteur, et sans réserves pour le créancier, s'était continué pendant dix ans consécutifs, la solidarité se trouverait ainsi prescrite aussi bien pour le capital que pour les intérêts. Celui, en effet, qui, dans dix actes différents, répétés pendant dix années consécutives, a reçu divisément ses intérêts ou arrérages, ne saurait prétendre n'avoir pas renoncé à la solidarité. Mais cette présomption de renonciation repose sur la multiplicité des paiements divisés, et la diversité du temps où ils ont été effectués, en sorte que, si plusieurs années avaient été accumulées, si par exemple les dix années avaient été divisées en trois ou quatre paiements, la disposition du Code ne serait pas remplie, ainsi que le fait observer Toullier.

XXIII. — Jusqu'ici la solidarité n'a été examinée qu'au point de vue des rapports qu'elle crée entre le créancier et les débiteurs. Les effets qu'elle produit sont différents quand on l'étudie dans les rapports qu'elle établit entre les débiteurs.

Dans leurs rapports respectifs, et en dehors de leurs rapports avec le créancier, les débiteurs solidaires sont les associés, les représentants, les mandataires les uns des autres ; de telle sorte qu'entre eux la dette se divise de plein droit par portions égales ou viriles, sauf stipulations contraires, et chacun n'est tenu définitivement que de sa portion. S'il a payé au-delà de sa portion, il a pour le surplus, capital et intérêts, un recours contre ses co-obligés, ou, en d'autres termes, ses mandants (art. 2001). Mais, lorsqu'il s'agit d'une dette provenant d'un délit, ne faut-il pas dire que, nul ne pouvant argumenter de sa propre turpitude, celui qui aura payé le total de la condamnation, ne saurait être admis à recourir contre ceux qui auront été condamnés solidairement avec lui? Non ; car, d'abord, ce serait aller contre le principe, qu'il n'est pas permis de s'enrichir aux dépens d'autrui. Ensuite, on n'argumente pas du délit, on argumente du paiement de la condamnation ; et, si le délit est un fait honteux, le paiement de l'amende et des dommages-intérêts est l'accomplissement d'un devoir.

Ainsi, quand un seul des débiteurs a payé la dette solidaire en entier, il peut répéter contre les autres la portion de la dette dont il n'est pas tenu définitivement. Or, par suite de ce paiement, il est subrogé de plein droit aux droits du créancier (art. 1251-3°). Néanmoins, il ne peut agir contre chacun de ses co-obligés que pour sa part et portion (art. 875, 1213 et 2033). Car la raison de son action, c'est qu'il a fait leur affaire, et il n'a fait leur affaire que pour la part et portion dont chacun était tenu. D'un autre côté, si la subrogation, soit légale, soit conventionnelle, fait entrer la personne, au profit de qui elle a lieu, dans tous les droits du créancier, il est bien évident, quand le subrogé était tenu lui-même de la dette, que la subrogation ne peut avoir effet, à l'égard des autres débiteurs, que jusqu'à concurrence de la part dont chacun est tenu définitivement dans la dette commune.

XXIV. — Une autre conséquence de l'association que la loi établit entre tous les débiteurs solidaires, c'est qu'ils sont tous responsables et garants réciproques des portions dues par ceux qui se trouveraient insolvables. Celui-là donc qui aura payé le total de la dette ne pourra réclamer à chacun des autres le montant de sa part et portion que déduction faite de la portion des insolvables, proportionnellement entre tous les débiteurs solvables, y compris le réclamant.

Cette répartition de la perte occasionnée par les insolvabilités est, il faut le répéter, une conséquence des rapports que la solidarité crée entre tous les débiteurs. Le créancier, lui, y reste et demeure complétement étranger: elle ne peut lui nuire, il ne peut y faire obstacle. Que si, par exemple, il a fait remise de la solidarité à l'un de ses débiteurs, il a renoncé, en faveur de ce débiteur, à un droit qui lui appartenait à lui créancier : mais cette renonciation du créancier à un privilége qui ne profite qu'à lui, ne peut pas avoir pour conséquence de délier le débiteur d'une obligation que la loi impose à tous les débiteurs, qui ne concerne que les débiteurs et à laquelle le créancier n'a rien à voir. La solidarité, du moment qu'elle existe, établit, entre tous les débiteurs, un lien, des rapports, une association. Or, il est impossible de voir, dans le fait isolé de la remise de cette solidarité à l'un des débiteurs, et en dehors de toute stipulation contraire, la rupture, de par le créancier, de ce lien, de ces rapports, de cette association. — Il faut donc admettre que même le débiteur déchargé de la solidarité sera compris dans la répartition de la perte provenant des insolvabilités.

XXV. — Lorsqu'au contraire, l'obligation ne concerne personnellement qu'un seul des débiteurs et n'a été contractée que dans son intérêt, ses co-obligés sont considérés, par rapport à lui, comme ses cautions. Celui d'entre eux qui aura payé, n'aura donc de recours que contre le débiteur principal. Néanmoins, il pourra recourir contre ses co-débiteurs pour leur part et portion dans le cas où le débiteur principal serait insolvable, (art. 2032-2033).

XXVI. — La remise, non plus de la solidarité, mais de la dette elle-même est expresse ou tacite : elle est aussi personnelle ou réelle.

Elle est réelle, lorsqu'elle porte sur la dette elle-même, de sorte qu'elle libère tous les débiteurs, lors même qu'elle n'aurait été faite qu'à l'un des débiteurs, et il en est ainsi lorsque la remise faite à l'un des obligés n'est pas accompagnée de réserves expresses contre les autres (art. 1285).

Elle est personnelle, lorsqu'elle est purement relative à un débiteur, et ne libère que lui. Il est nécessaire, dans ce cas, que le créancier, qui veut ne faire la remise de la dette qu'à tel débiteur, réserve expressément ses droits contre les autres.

SECTION DEUXIÈME.

DES OBLIGATIONS DIVISIBLES ET INDIVISIBLES.

XXVII. — Une obligation est divisible lorsqu'elle peut se diviser, indivisible dans le cas contraire. Cette distinction est sans objet, tant qu'il ne s'agit que d'un seul créancier et d'un seul débiteur. Car celui-ci ne peut point forcer le premier à recevoir en partie le paiement de la dette, quoique divisible (art. 1220, 1244). Mais, toutes les fois qu'il existe plusieurs créanciers ou plusieurs débiteurs, ce qui arrive notamment quand un créancier ou un débiteur vient à mourir en laissant plusieurs héritiers, il importe alors de savoir si l'obligation est ou non indivisible.

§ Ier. — *De l'indivisibilité des obligations.*

XXVIII. — Il y a deux sortes d'indivisibilités : l'indivisibilité absolue, que Dumoulin appelle *individuum contractu*, et à laquelle Pothier donne, avec plus de raison, le nom d'indivisibilité *natura*; et l'indivisibilité, que Dumoulin et Pothier qualifient *individuum obligatione*, et qu'il est plus juste d'appeler indivisibilité *contractu*.

Une obligation est indivisible *natura*, lorsqu'une impossibilité juridique ou physique s'oppose à ce que l'objet de la prestation puisse être divisé matériellement et intellectuellement. Ainsi, par exemple, l'obligation de livrer un cheval n'est pas une obligation indivisible *natura*; car, si un cheval ne peut pas être matériellement divisé entre plusieurs personnes, on peut très bien se faire l'idée d'un cheval leur appartenant par indivis, d'un cheval divisé entre elles intellectuellement, juridiquement. D'où il suit que, si l'une d'elles est tenue de l'obligation de livrer un cheval, elle peut exécuter son obligation pour partie, divisément, en cédant sa part de propriété à son créancier, et que, par suite, cette obligation est divisible. Mais il en est autrement, entre autres, de l'obligation de constituer une servitude ou d'en souffrir l'exercice (art. 709-710), de concéder une hypothèque ou de délaisser un immeuble hypothéqué, *hypotheca est in toto et in qualibet parte* (art. 2184), de faire ou de ne pas faire un voyage. Ces obligations sont indivisibles, puisque l'objet y est indivisible par sa nature même. Car, d'une part, il y a pour les unes impossibilité juridique, et, d'autre part, impossibilité physique pour les autres à ce que cet objet puisse être divisé soit matériellement, soit intellectuellement.

Une obligation est indivisible *contractu*, lorsque son objet, quoiqu'en général et en lui-même il soit susceptible de division ou matérielle ou juridique, ne peut cependant pas être divisé, à raison du rapport sous lequel les parties l'ont considéré. Ainsi, par exemple, l'obligation de construire une maison n'est pas en elle-même une obligation indivisible *natura*; car on peut très bien convenir avec un maçon qu'il la construira pour partie, jusqu'à telle hauteur. Mais, lorsque l'objet de l'obligation est la construction d'une maison, purement et simplement, sans restriction, l'obligation est indivisible *contractu*, à raison du point de vue où se sont placées les parties. Sans doute une maison ne se construit que par parties, successivement. Mais c'est moins le fait passager de la construction dont les contractants se sont préoccupés, c'est moins cette multiplicité, cette succession de travaux, qui fait l'objet de l'obligation, que l'ouvrage consommé, *domus construenda*. Or, il ne peut y avoir de parties de ce qui n'existe pas encore, c'est-à-dire qu'il ne peut y avoir de maison que par la réunion des parties qui la constituent, c'est-à-dire, enfin, que l'obligation ne sera accomplie que lorsque la maison entière sera achevée.— Ainsi encore, l'obligation de livrer un terrain acheté en vue d'y construire une usine, n'est pas une obligation indivisible *natura*, puisque son objet est certainement susceptible de parties, soit réelles, soit intellectuelles. Mais elle est indivisible *contractu*, parce que, dans la pensée commune des parties, le terrain est nécessaire dans son ensemble au but que l'acheteur se propose et pour la réalisation duquel le vendeur consent à lui transférer son droit de propriété, et parce qu'on n'en peut rien retrancher sans qu'il cesse d'être propre à recevoir la construction d'une usine. Le rapport sous lequel l'ont considéré les contractants rend donc l'objet de l'obligation, et, par suite l'obligation, indivisibles.

XXIX. — Il importe peu, d'ailleurs, en ce qui concerne les effets de l'indivisibilité, que les obligations soient indivisibles *natura* ou *contractu*. L'indivisibilité soit naturelle ou réelle, soit purement conventionnelle, produit les mêmes effets.

Dans toute obligation indivisible, chaque créancier (soit créancier primitif, soit représentant d'un créancier unique) peut exiger en totalité l'accomplissement de l'obligation. De même, chaque débiteur, (soit débiteur primitif, soit le représentant d'un débiteur unique) est tenu pour le total de l'accomplissement de l'obligation.

XXX. — Mais il n'en faudrait pas conclure, ainsi que la remarque en a déjà été faite, que l'indivisibilité entraîne la solidarité, et réciproquement. Dans l'obligation indivisible chaque débiteur peut être poursuivi pour le tout, chaque créancier peut demander le tout, à cause de la qualité, soit réelle, soit conventionnelle, de la chose, laquelle s'oppose à la division soit matérielle, soit juridique de cette chose. Dans l'obligation solidaire, au contraire, si l'objet de la prestation est exigible en entier de la part de chacun des créanciers contre chacun des débiteurs, cet effet procède du titre et de la qualité des personnes, qui sont créancières et débitrices *in totum et totaliter*, sans qu'il y ait à rechercher si la chose due est susceptible ou non de division.

Aussi, cette différence dans la nature et le caractère des obligations solidaires et indivisibles amène, comme conséquence, des effets différents. Par exemple, en matière d'obligation indivisible, dans le cas où la chose viendrait à périr par le fait, la faute ou pendant la demeure de tous les débiteurs, les dommages-intérêts ne seraient dus par chacun que pour sa part. S'ils étaient tous tenus *in totum*, c'était seulement à raison de l'indivisibilité de l'objet. Cet objet, indivisible *natura* ou *contractu*, n'existant plus, l'obligation *in totum* cesse.

Si la perte n'était imputable qu'à un seul, il devrait seul les dommages-intérêts. A l'égard des autres l'obligation est éteinte par la destruction de la chose arrivée sans leur faute (art. 1302).

On a vu que les débiteurs solidaires, représentant les uns des autres, sont, en pareils cas, tenus tous solidairement des dommages-intérêts.

XXXI. — Il en serait autrement, dans le cas où l'obligation indivisible aurait été contractée avec une clause pénale (art. 1232). La contravention d'un seul des débiteurs les oblige tous, mais chacun pour sa part et sauf son recours, le contrevenant seul étant tenu de la totalité aussi bien vis-à-vis du créancier que de ses co-débiteurs. Peut-on objecter que ce sont là des dommages-intérêts auxquels a donné lieu la faute d'un seul, et que, par une conséquence de ce que les débiteurs ne sont pas les représentants les uns des autres, celui-là seul qui est en faute en doit seul être tenu? La réponse est celle-ci : D'abord et en fait il est bien seul tenu, puisque, d'une part, il peut être poursuivi pour la totalité, et que, d'autre part, ses co-débiteurs ont un recours à exercer contre lui. Ensuite, il était juste d'accorder un droit de poursuite contre chacun des débiteurs. Car la clause pénale est une partie de l'obligation, ou mieux encore, une obligation spéciale contractée en prévision de l'inexécution de l'obligation principale, et par laquelle tous les débiteurs sont, par conséquent, et *ab initio*, engagés. — Au contraire, dans le même cas, les débiteurs solidaires devraient les dommages-intérêts chacun pour le tout.

Mais, par contre, dans le cas de plusieurs créanciers, la peine sera-t-elle encourue pour le total envers tous, par la contravention à l'égard de l'un d'eux? Pothier (n° 364) décide que la peine ne sera encourue qu'à l'égard de celui envers qui le débiteur contrevient, et pour sa part. Il serait injuste, en effet, que ceux des créanciers envers qui l'obligation a été exécutée, recueillissent à la fois le bénéfice de l'obligation et le bénéfice de la clause pénale stipulée en cas d'inexécution de cette obligation.

XXXII. — Le débiteur poursuivi pour la totalité peut, à la différence de ce qui se passe en matière d'obligations solidaires, demander un délai pour mettre ses co-débiteurs en cause.

La raison de cette faculté accordée au débiteur poursuivi se comprend parfaitement. Car, s'il est tenu *in totum*, il n'est pas tenu *totaliter*. Aussi, l'effet de la mise en cause est que ce débiteur ne peut plus être condamné seul, mais que ses co-débiteurs doivent l'être conjointement avec lui et chacun pour sa part. Cette condamnation, d'ailleurs, toute conjointe qu'elle soit et bien qu'elle n'atteigne les débiteurs que chacun pour sa part, ne modifie en rien la nature de l'obligation, laquelle continue d'être due *in totum* et ne cesse pas de ne pouvoir recevoir qu'une exécution intégrale.

Si donc, par le refus d'un des débiteurs de concourir à cette exécution *in totum*, l'obligation n'est point exécutée, ce refus donne lieu à des dommages-intérêts, dus, ainsi qu'il a été déjà dit, en totalité par le contrevenant, et par chacun des débiteurs pour sa part, sauf recours.

Néanmoins, si la dette était de nature à ne pouvoir être acquittée que par le débiteur assigné, il ne pourrait obtenir un délai pour appeler ses co-débiteurs en cause et faire diviser la condamnation. Par exemple, si la servitude de passage, dont le créancier réclame l'exercice, ne doit s'exercer que sur le fonds compris dans son lot. Il est vrai qu'ayant droit à indemnité, à moins qu'il n'ait été, par le partage, seul chargé d'acquitter la dette, il pourra toujours faire statuer par le même jugement sur son recours en indemnité, mais en tant seulement que cette faculté ne portera pas préjudice au créancier en retardant la prononciation de la sentence.

XXXIII. — De ce que l'un des créanciers d'une dette indivisible peut en poursuivre le recouvrement pour le tout, il ne s'ensuit pas qu'il ait le droit d'en faire remise en entier, ou de recevoir, à la place de la prestation primitive, une autre prestation, par exemple le prix. Car le créancier ne l'est pas *totaliter*; il n'a droit qu'à sa part. Il est vrai que le premier cas est commun aux obligations indivisibles et solidaires. Mais, dans le deuxième cas, les droits du créancier de la dette indivisible sont moins étendus que ceux du créancier solidaire. Il n'a droit, en effet, qu'à sa part, dès là que l'objet de l'obligation ainsi transformé est susceptible de parties.

Mais cependant, cette remise ou cette dation en paiement ne resteront pas sans effet. L'objet continuera à être dû *in totum*, à la vérité. Mais l'autre créancier ne le pourra réclamer au débiteur, qu'en faisant offre de la valeur de la part appartenant dans la chose due à celui qui a fait la remise ou reçu le prix. Car cette chose, quoique indivisible en elle-même, est susceptible néanmoins d'une estimation, laquelle est divisible et sert de base pour établir l'indemnité à laquelle a droit le débiteur.

Quant à l'interruption de la prescription opérée par l'un des créanciers, et à la suspension établie en faveur de l'un d'eux, elles profitent à tous les autres (art. 709-710). De même, l'interruption de la prescription opérée contre l'un des débiteurs a effet contre tous (art. 2249).

Il faut dire aussi que les obligations de faire ou de ne pas faire peuvent, comme les autres, être tantôt divisibles et tantôt indivisibles.

§ IIe. — *De la divisibilité des obligations.*

XXXIV.—Toutes les obligations qui ne rentrent pas dans l'une des deux classes d'indivisibilité qui viennent d'être indiquées, sont divisibles. Mais ceci ne s'applique qu'au cas où dans les obligations se rencontrent plusieurs débiteurs des créanciers conjoints, ou plusieurs héritiers d'un créancier ou d'un débiteur unique. Car, toutes les fois qu'un seul créancier est en présence d'un seul débiteur, l'obligation, quoique susceptible de division, doit être exécutée comme si elle était indivisible (art. 1220-1244).

Cette division, qu'entraîne l'existence de plusieurs créanciers ou de plusieurs débiteurs, ne fait pas, d'ailleurs, de la dette plusieurs dettes. Elle assigne seulement à chacun des créanciers et à chacun des débiteurs des portions dans la dette, qui auparavant n'en comportait pas ; mais il n'y a toujours qu'une seule dette, *Unum Debitum*. Si donc l'un des créanciers ou des débiteurs devient le successeur ou l'ayant-cause de ses autres co-intéressés, il redevient ainsi créancier unique ou débiteur unique de la dette unique. En vain, dirait-on que le débiteur, par exemple, a acquis le droit de se libérer par portions. Car ce droit n'est pas inhérent à l'obligation, il ne procède que de cette circonstance, indépendante de l'obligation, la multiplicité des personnes à qui ou par qui la chose est due. Or, cette circonstance cessant, son effet doit cesser : *cessante causa, cessat effectus.*

Il va sans dire qu'il en serait autrement dans le cas où l'héritier n'aurait recueilli la succession de ses co-débiteurs que sous bénéfice d'inventaire, ce bénéfice empêchant la confusion des patrimoines et par suite la réunion des portions de la dette.

XXXV. — Cette règle que les obligations divisibles se divisent activement et passivement, et que chaque créancier ne peut réclamer que sa part de la créance et chaque débiteur n'être tenu que de sa part dans la dette, souffre exception dans trois cas, mais à l'égard des débiteurs seulement. — Les cas de cette exception présentent une troisième espèce d'indivisibilité, que Dumoulin et Pothier appellent *solutione tantum.* Cette espèce d'indivisibilité n'affecte pas, comme les deux premières qui ont été ci-dessus expliquées, l'objet de l'obligation et par suite l'obligation ; elle ne porte que sur l'exécution, de façon qu'elle laisse à l'objet et à l'obligation leur nature divisible à l'égard des créanciers, et ne produit effet qu'en ce qui concerne les débiteurs.

Le premier cas d'exception est celui où la dette a pour objet un corps certain, une chose déterminée dans son individualité, tel cheval, tel immeuble. L'héritier, qui se trouve, par l'effet du partage, avoir la chose due dans son lot, est soumis aux poursuites du créancier pour la totalité de la dette, sauf son recours, à moins qu'il n'ait été chargé de l'acquitter seul. Mais il faut qu'il y ait eu partage : car jusque-là la chose reste indivise et chacun n'est tenu que pour sa part. D'ailleurs, ce droit qui compète au créancier de poursuivre le possesseur *ad totum*, ne fait pas obstacle à ce qu'il actionne chacun des autres héritiers pour leur part et portion. Car, ayant été une fois tenus de cette dette, ils n'ont pu s'en décharger en la comprenant dans tel ou tel lot.

La seconde exception s'applique au cas où, par le titre constitutif, convention ou testament, l'un des héritiers se trouve chargé seul d'acquitter l'obligation. Alors le débiteur peut être poursuivi par le créancier pour le tout, sauf son recours contre ses co-intéressés. Ces derniers peuvent, d'ailleurs, être aussi poursuivis pour leur part. — Dans cette hypothèse, un seul des héritiers est chargé de l'exécution de l'obligation. Mais il peut arriver également qu'un seul des débiteurs soit chargé de l'obligation elle-même, c'est-à-dire que non seulement il sera chargé de payer la dette, mais encore de la supporter définitivement. Ceci, il est vrai, ne pourrait être fait que par testament; car autrement une pareille disposition serait au fond une véritable donation, et se trouverait par le fait frappée de nullité, comme n'étant pas revêtue des formes spéciales de la donation.

Enfin, la troisième exception à la divisibilité des obligations peut résulter : — soit d'une clause expresse de la convention. Mais on comprend qu'ici le créancier, en stipulant le droit de poursuivre chaque débiteur pour le tout, se réserve ce droit en général, sans désigner tel ou tel, ce qui serait le cas de la dernière exception ; — Soit de la nature de l'engagement. Par exemple, quand une personne achète ou prend à ferme un immeuble, bien que l'objet soit susceptible de parties réelles ou intellectuelles, cette personne pourra poursuivre un seul des héritiers de son vendeur ou bailleur, et lui réclamer l'exécution intégrale de l'obligation, et celui-ci ne sera pas reçu à lui offrir sa part soit divise, soit indivise dans l'immeuble ; — Soit de la nature de l'objet. Cela se présume facilement, dit Pothier (n° 315), lorsque la chose qui fait l'objet de la convention est susceptible à la vérité de parties intellectuelles et est par conséquent divisible, mais ne peut être divisée en parties réelles ; — Soit de la fin que se sont proposée les parties. Par exemple, quand une personne s'est obligée à payer à une autre une somme avec déclaration que c'est pour la tirer de prison, chaque héritier de celui-ci pourra être actionné pour le tout par le créancier. Celui, d'ailleurs, qui aura payé, aura son recours contre ses co-héritiers.

XXXVI. — Il faut ici revenir sur les dissemblances qui existent entre l'indivisibilité *contractu* et l'indivisibilité *solutione tantum*. Car, malgré quelques apparences de similitude, il y a au fond entre elles une grande différence.

Ces deux indivisibilités sont bien, il est vrai, subordonnées l'une et l'autre à la volonté des contractants. Mais dans l'une, le rapport sous lequel les parties considèrent l'objet de l'obligation, rend cette obligation indivisible absolument, aussi bien à l'égard des créanciers que des débiteurs. Dans l'autre, au contraire, leur volonté expresse ou présumée ne porte que sur un point, à savoir que les débiteurs ne pourront se libérer par parties.

De là ces conséquences :

1° Le paiement par partie ne peut avoir lieu, dans la première obligation, parce qu'il dénaturerait l'objet de la prestation. Il ne peut avoir lieu dans l'autre non plus par le même motif, puisque la chose, parfaitement divisible sous quelque rapport qu'on l'envisage, pourrait parfaitement être acquittée par parties, sans en être dénaturée, mais parce qu'un pareil paiement porterait atteinte aux droits du créancier.

2° L'indivisibilité *contractu*, affectant l'objet de la prestation, donne le droit à chaque créancier de poursuivre, soumet chaque débiteur aux poursuites du créancier. L'indivisibilité *solutione*, n'affectant que le mode d'exécution et à l'égard des débiteurs seulement, et laissant à l'objet sa nature divisible, chaque débiteur peut bien être poursuivi pour le tout, mais chaque créancier ne peut poursuivre que pour sa part.

3° Dans la première, la suspension ou l'interruption de prescription au profit d'un créancier conserve les droits des autres. Dans la seconde, elle ne profite qu'à celui du chef duquel elle a lieu ou qui l'a opérée.

On voit donc qu'il peut y avoir utilité à rechercher si telle ou telle obligation présente une simple indivisibilité de paiement, ou si, au contraire, elle est indivisible *ex contractu*. En général, ce seront là des appréciations de fait laissées à la sagacité du juge, et la loi n'a fait que poser les principes dont il est chargé de faire l'application à chaque affaire particulière.

XXXVII.—Le Code indique, en outre, comme faisant exception au principe de la divisibilité des obligations, deux cas qui, de fait, ne constituent nullement des exceptions.

Le premier est celui où l'un des héritiers, se trouvant avoir dans son lot l'immeuble hypothéqué à la garantie de la dette, pourra être poursuivi pour le tout sur cet immeuble. Mais ce droit de poursuite *in totum* n'est pas une conséquence de la prétendue indivisibilité que le Code suppose ici. Ce n'est pas l'héritier qui est tenu de la totalité de la dette, c'est l'immeuble, et peu importe entre les mains de qui il se trouve, de l'héritier ou d'un tiers. Quant à l'héritier, il ne doit que sa part, et ne peut être poursuivi sur ses biens autres que l'immeuble que pour cette part.

Le second est celui d'une dette alternative de choses dont l'une est indivisible et dont le choix appartient au créancier. Jusqu'à ce que le choix soit connu, la nature de l'obligation reste en suspens. Si le créancier choisit la chose indivisible, il est bien évident que l'obligation deviendra indivisible, et divisible dans le cas contraire. Or, si la dette est indivisible, ce n'est pas une exception au principe. M. Zachariæ (§ 301, p. 290) propose d'interpréter cette disposition en disant qu'il y a là indivisibilité *solutione*, en ce que les débiteurs ne peuvent, sous prétexte de la divisibilité de l'une des prestations comprises dans la dette alternative, empêcher le créancier de choisir la prestation indivisible. Une pareille interprétation est loin d'être exacte. Il y a tout lieu de croire que les rédacteurs du Code ont mal saisi la pensée de Pothier, leur guide ordinaire. Pothier examine cette espèce : Le débiteur de telle maison ou de telle somme laisse deux héritiers. Chacun de ces deux héritiers, sous prétexte de la divisibilité des choses faisant l'objet de l'obligation alternative, pourra-t-il prétendre faire accepter au créancier, l'un la moitié de la maison, l'autre la moitié de la somme? Et Pothier, qui s'était placé au point de vue d'une dette alternative ordinaire, c'est-à-dire dans laquelle le choix est au débiteur, répondait qu'il était dû au créancier l'une des deux choses entières et non pas deux moitiés de choses différentes, et qu'ainsi l'un des héritiers ne serait pas admis à payer la moitié d'une des deux choses, jusqu'à ce que l'autre héritier paie l'autre moitié de la même chose. Cette règle fait l'objet de l'article 1191.

XXXVIII. — Quand l'obligation divisible a été contractée sous une clause pénale, celui-là seul des débiteurs qui contrevient à l'obligation est tenu de la peine, et dans la proportion pour laquelle il est tenu de l'obligation principale. En effet, les dommages-intérêts ne peuvent pas avoir une autre base que la prestation à fournir, et si sur deux débiteurs l'un exécute, l'autre contrevient, la peine doit être proportionnée à la portion non exécutée de l'obligation, c'est-à-dire à la part que le contrevenant avait à payer.

Quid s'il y avait contrevenu pour le tout, par exemple s'il avait répandu ou vendu à un tiers les dix pièces de vin qu'il devait avec son co-héritier, et que le défunt s'était engagé à fournir sous peine de 6,000 fr. en cas de non exécution de l'obligation? Même dans ce cas il ne devra que la portion de la peine proportionnée à sa part de la dette, c'est-à-dire la moitié ou 3,000 fr.. Quant à son cohéritier, il se trouvera libéré par la perte de la chose ou sa mise hors du commerce, arrivées sans sa faute. (Art. 1382.) Mais cette perte ou cette mise hors du commerce étant le fait du contrevenant, celui-ci sera tenu d'en indemniser le créancier sur le pied du préjudice qu'il a éprouvé, c'est-à-dire à concurrence de 3,000 fr. (Art. 1382.)

Mais si l'obligation, divisible en soi, était indivisible *solutione tantùm*, soit par suite de l'adjonction de la clause pénale faite dans le but d'empecher un paiement partiel, soit à raison de l'une des circonstances signalées plus haut, la contravention d'un seul, c'est-à-dire la non exécution intégrale par le fait d'un seul, donnerait le droit au créancier de poursuivre le contrevenant pour toute la peine, et ses codébiteurs chacun pour leur part, sauf le recours de ces derniers. (Art. 1233.)

QUESTIONS.

1. — Le débiteur qui se trouve lui-même créancier de l'un des créanciers solidaires, ne peut, s'il est poursuivi par les autres, leur opposer la compensation pour le tout. Il en est de même de la confusion.

2. — Le jugement obtenu par le débiteur contre l'un des créanciers a effet pour toute la dette, et non pas seulement pour sa part.

3. — La suspension de la prescription, qui a lieu du chef de l'un des créanciers, ne conserve pas les droits des autres, à moins qu'il ne s'agisse d'un objet indivisible.

4. — L'article 55 du Code pénal n'est pas applicable aux contraventions, délits civils et quasi-délits. Quand, en pareille matière, il intervient une condamnation solidaire, on ne doit voir là qu'une solidarité imparfaite.

5. — Lorsqu'un jugement par défaut a été rendu contre plusieurs débiteurs solitaires, l'exécution dans les six mois à l'égard de l'un d'eux empêche la prescription à l'égard des autres.

6. — La disposition du § 3 de l'article 1294 n'empêche pas que le débiteur solidaire ne puisse opposer la compensation de ce que le créancier doit à son codébiteur jusqu'à concurrence de la part de celui-ci dans la dette. — Elle n'empêche pas non plus qu'il ne puisse profiter d'un jugement qui, au profit de son codébiteur, a déjà prononcé la compensation.

7. — Le créancier qui a fait remise de la solidarité à l'un des débiteurs, n'est pas tenu, pour la part afférente à celui-ci, de la perte résultant des insolvabilités.

8. — Il y a trois sortes d'indivisibilités.

9. — L'obligation de garantir est indivisible, qu'elle soit opposée par voie d'action ou par voie d'exception. — Le véritable propriétaire, héritier pour partie du vendeur, n'est tenu à la garantie que pour la partie représentative de sa part héréditaire.

10. — En matière d'obligations divisibles, si, après que la division s'est opérée, l'un des héritiers vient à réunir sur sa tête la part de tous ses cohéritiers, non seulement en leur succédant, mais même en devenant leur cessionnaire, la dette ou la créance cesse de pouvoir être payée ou reçue par parties.

Vu : Le Président,

A. VALETTE.

Vu : Le Doyen,

C. A. PELLAT.

www.ingramcontent.com/pod-product-compliance
Lightning Source LLC
Chambersburg PA
CBHW070443080426
42451CB00025B/1269